Le tour du monde

en 250 questions
et réponses

ÉDITION CLUB QUÉBEC LOISIRS INC.
© Avec l'autorisation des Guides de voyage Ulysse inc.

Crédit de la page couverture
©iStockphoto.com/Li Kim Goh

Imprimé au Canada

Dépôt légal - Bibliothèque nationale du Québec, 2006
ISBN-10: 2-89430-768-3
ISBN-13: 978-2-89430-768-7

⭢ Sommaire

En guise d'introduction

Découvrir le monde et s'amuser: voilà l'objectif de ce livre-jeu. C'est donc sans appréhension et avec humour qu'il faut aborder les différents questionnaires que vous trouverez dans cet ouvrage, plutôt qu'avec un esprit compétitif comme s'il s'agissait d'un examen que l'on peut échouer. Apportez-le avec vous dans vos déplacements, testez vos connaissances en famille ou entre amis, vous en redemanderez!

Nous avons identifié sept grandes régions et, pour chacune, établi une série de questions pour tester vos connaissances sur la géographie, les événements marquants, les personnages célèbres, les attraits importants, les us et coutumes, les langues et la gastronomie. Un total de 35 points peut être accumulé pour chacune de ces grandes régions. Pour connaître votre score, référez-vous au solutionnaire à la fin du livre. Puis, à la page 62, une analyse sans prétention des résultats que vous aurez obtenus situera votre niveau de connaissance pour une région donnée.

À tout cela s'ajoutent cinq questions bonis insérées ici et là, pour un grand total possible de 250 points. Amusez-vous à répondre à toutes les questions, calculez votre score et référez-vous à la page 63 pour l'analyse de vos résultats globaux.

Bonne chance!

Le Canada et les États-Unis

⮞ Un peu de géographie

Testez vos connaissances sur la géographie du Canada et des États-Unis (possibilité de 4 points):

1. *Cette vaste étendue marécageuse couvre une grande partie du sud de la Floride.*

   A. Les Adirondacks
   B. Les Everglades
   C. Les Keys
   D. La mangrove
   E. Les Prairies

2. *Cette ville est la capitale de la Californie.*

   A. Los Angeles
   B. San Francisco
   C. San Diego
   D. Sacramento
   E. Carmel

(Suite page 8)

Le Canada et les États-Unis

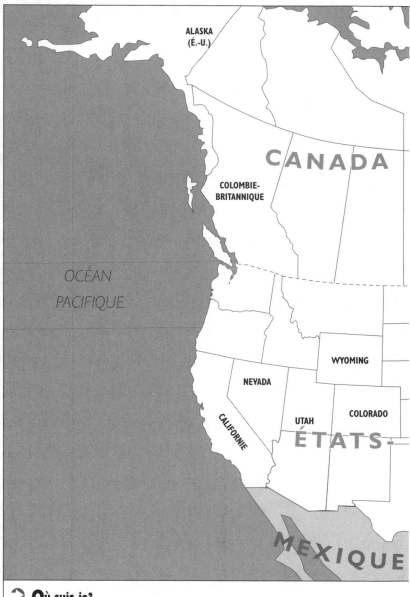

➲ **O**ù suis-je?

Positionnez sur les cartes du Canada et des États-Unis les provinces, territoires et États suivants (possibilité de 9 points):

Texas	Illinois	Maine
Nunavut	Manitoba	Nouveau-Brunswick
Washington	Arizona	Louisiane

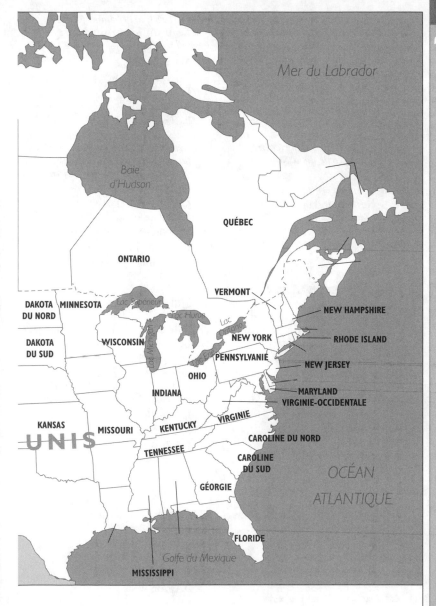

Mer du Labrador

Baie d'Hudson

QUÉBEC

ONTARIO

VERMONT

DAKOTA DU NORD | MINNESOTA

Lac Supérieur

Lac Huron

Lac Ontario

NEW HAMPSHIRE

DAKOTA DU SUD

WISCONSIN

Lac Michigan

Lac Érié

NEW YORK

RHODE ISLAND

PENNSYLVANIE

NEW JERSEY

OHIO

INDIANA

MARYLAND

VIRGINIE-OCCIDENTALE

KANSAS

MISSOURI

KENTUCKY

VIRGINIE

UNIS

TENNESSEE

CAROLINE DU NORD

CAROLINE DU SUD

OCÉAN

ATLANTIQUE

GÉORGIE

FLORIDE

Golfe du Mexique

MISSISSIPPI

3. *Cette région de la Colombie-Britannique est reconnue pour sa viticulture.*
   A. La vallée de l'Okanagan
   B. L'Estrie
   C. Le Wine Country
   D. La vallée du Niagara
   E. La Sunshine Coast

4. *Lequel de ces États américains ne fait pas partie de la Nouvelle-Angleterre?*
   A. Le Vermont
   B. Le New Hampshire
   C. Le Massachusetts
   D. New York
   E. Le Rhode Island

➲ Les événements marquants

Identifiez les événements qui ont fait date dans l'histoire du Canada et des États-Unis (possibilité de 4 points):

1. *Cet événement entraîna la destruction de la ville de Chicago en 1871.*
   A. Le grand tremblement de terre
   B. Le grand incendie
   C. La grande inondation
   D. La guerre de Sécession
   E. Le massacre du fort Dearborn

2. *Cet événement survenu le 16 décembre 1773 fut l'un des préludes à la Révolution américaine.*
   A. Le Boston Tea Party
   B. L'assassinat d'Abraham Lincoln
   C. L'attaque de Pearl Harbor
   D. L'arrivée des puritains à Boston
   E. L'abolition de l'esclavage

3. *En 1963, le président John F. Kennedy fut assassiné dans cette ville.*
   A. Los Angeles
   B. San Francisco
   C. Miami
   D. Dallas
   E. New York

4. *Cet épisode dramatique se termina par la pendaison de 12 patriotes à la prison du Pied-du-Courant, à Montréal.*
   A. La Crise d'octobre
   B. La Révolution tranquille
   C. La Rébellion de 1837-1838
   D. Le Grand Dérangement
   E. La révolte des Métis

➲ Qui suis-je?

Identifiez les personnalités suivantes (possibilité de 7 points):

1. *Ce chanteur québécois a été le premier à fusionner le style des chansonniers à la musique rock.*
   A. Jean-Pierre Ferland
   B. Gilles Vigneault
   C. Félix Leclerc
   D. Roch Voisine
   E. Robert Charlebois

2. *Ce créateur de génie réalisa le premier long métrage en dessins animés.*
   A. Charlie Chaplin
   B. Steven Spielberg
   C. Walt Disney
   D. Orson Wells
   E. Buster Keaton

3. *Cette romancière née en Alberta vit aujourd'hui à Paris, où elle développe son œuvre autant en français qu'en anglais.*

A. Nancy Huston
B. Margaret Atwood
C. Anne Hébert
D. Kathy Reich
E. Antonine Maillet

4. *On doit tout le développement de la côte est de la Floride à la construction de sa voie ferrée.*

A. Henry Plant
B. John D. Rockefeller
C. Henry Flagler
D. Howard Hughes
E. John Ringling

5. *Cet important romancier et dramaturge américain épousa l'actrice Marilyn Monroe.*

A. Arthur Miller
B. Norman Mailer
C. Truman Capote
D. Ernest Hemingway
E. Tennessee Williams

6. *La construction de son hôtel-casino de luxe en plein désert du Nevada est considérée comme le point de départ de la ville de Las Vegas telle qu'on la connaît aujourd'hui.*

A. Al Capone
B. Donald Trump
C. Benjamin «Bugsy» Siegel
D. Howard Hughes
E. Steve Wynn

7. *Accompagné du père Jacques Marquette, cet explorateur canadien-français découvrit le fleuve Mississippi en 1673.*

A. Pierre Lemoyne d'Iberville
B. Jacques Cartier
C. René-Robert Cavelier de La Salle
D. Louis Jolliet
E. Louis de Buade, comte de Frontenac

➲ Les attraits importants

Identifiez les attraits touristiques décrits (possibilité de 5 points):

1. *Ce monument se trouve au cœur du National Mall, à Washington, et prend la forme d'un vaste obélisque.*

A. Lincoln Memorial
B. Washington Monument
C. Jefferson Memorial
D. World War Two Memorial
E. Vietnam Veterans Memorial

2. *Ce musée de la région de la capitale nationale du Canada a été dessiné par l'architecte Moshe Safdie, à qui l'on doit également le complexe Habitat 67 de Montréal.*

A. Le Musée des beaux-arts du Canada
B. Le Musée canadien des civilisations
C. Le Musée national des sciences et de la technologie
D. Le Musée canadien de la nature
E. Le Musée canadien de la guerre

3. *Ce secteur de la région de Miami abrite l'Art Deco District, qui compte pas moins de 800 bâtiments arborant ce style architectural.*

A. Little Havana
B. Coral Gables
C. South Beach
D. Coconut Grove
E. Key Biscayne

4. *Cette demeure située en Pennsylvanie est considérée comme l'un des chefs-d'œuvre de l'architecte Frank Lloyd Wright.*

A. La Fallingwater House
B. Taliesin
C. La Robie House
D. La Clark House
E. L'Unity Temple

Le Canada et les États-Unis

5. *Cette structure est la plus élevée d'Amérique.*

   A. La Sears Tower, Chicago
   B. L'Empire State Building, New York
   C. La Transamerica Pyramid, San Francisco
   D. Le John Hancock Center, Chicago
   E. La CN Tower, Toronto

⊃ Les langues, les us et les coutumes

Testez vos connaissances sur les langues, us et coutumes au Canada et aux États-Unis (possibilité de 3 points):

1. *Quelles sont les trois provinces canadiennes où l'on trouve les plus importantes populations francophones?*

   A. Le Québec, le Nouveau-Brunswick et la Nouvelle-Écosse
   B. Le Québec, le Nouveau-Brunswick et le Manitoba
   C. Le Québec, la Nouvelle-Écosse et le Manitoba
   D. Le Québec, le Nouveau-Brunswick et l'Ontario
   E. Le Québec, l'Ontario et la Nouvelle-Écosse

2. *Cette fête célébrée chaque année en novembre est considérée comme l'une des plus importantes aux États-Unis.*

   A. L'Independence Day (la fête de l'Indépendance américaine)
   B. Le Labor Day (la fête du travail)
   C. Le Columbus Day (le jour de Christophe Colomb)
   D. Le Thanksgiving Day (l'Action de grâce)
   E. Presidents' Day (l'anniversaire de Washington)

3. *La Louisiane abrite encore aujourd'hui une importante communauté francophone. Comment appelle-t-on les membres de cette communauté?*

   A. Les Américains français
   B. Les Acadiens
   C. Les Louisianais
   D. Les Cajuns
   E. Les Franco-Sudistes

⊃ La gastronomie

Identifiez les spécialités culinaires typiques décrites ci-dessous (possibilité de 3 points):

1. *Ce mets a été créé à Chicago et est encore aujourd'hui étroitement associé à cette ville.*

   A. Le hamburger
   B. Le hot-dog
   C. La Deep Dish Pizza
   D. Le poulet frit
   E. Les rondelles d'oignon

2. *Ce plat louisianais se prépare avec du riz et, selon l'inspiration, de la viande, du poisson et des fruits de mer.*

   A. Le gumbo
   B. Le jambalaya
   C. Le court-bouillon
   D. Le Po-boy
   E. Le Maque-choux

3. *Cette spécialité québécoise prend la forme d'un grand pâté dans la préparation duquel entrent des pommes de terre et diverses variétés de viande.*

   A. Le cipaille
   B. La tourtière
   C. Le pâté chinois
   D. Le ragoût de pattes de cochon
   E. Le ragoût de boulettes

Les Caraïbes

➲ Un peu de géographie

Testez vos connaissances sur la géographie des Caraïbes (possibilité de 3 points):

1. *Ce volcan situé en Guadeloupe culmine à 1 467 m d'altitude.*

- **A.** La Soufrière
- **B.** La montagne Pelée
- **C.** Les pitons du Carbet
- **D.** Le piton Flore

2. *Cette ville est la capitale de la Jamaïque.*

- **A.** Montego Bay
- **B.** Mandeville
- **C.** Kingston
- **D.** Port Antonio

Les Caraïbes

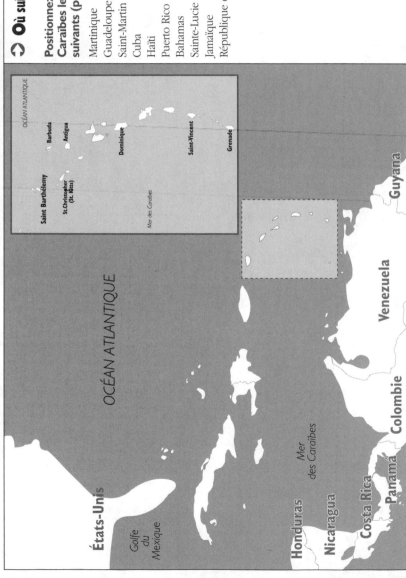

Où suis-je?

Positionnez sur la carte des Caraïbes les îles ou les pays suivants (possibilité de 10 points):

Martinique

Guadeloupe

Saint-Martin

Cuba

Haïti

Puerto Rico

Bahamas

Sainte-Lucie

Jamaïque

République dominicaine

3. *Ce pays partage l'île d'Hispaniola avec la République dominicaine.*

A. Cuba
B. Sainte-Lucie
C. Saint-Barthélemy
D. Haïti

⮑ Les événements marquants

Identifiez les événements qui ont fait date dans l'histoire des Caraïbes (possibilité de 3 points):

1. *Cet événement faillit provoquer une guerre entre les États-Unis et l'URSS en 1962.*

A. La crise des missiles de Cuba
B. Le débarquement de la baie des Cochons
C. L'envoi de troupes américaines en République dominicaine
D. La déclaration d'indépendance de la Jamaïque

2. *En 1902, cette catastrophe coûta la vie aux 30 000 habitants de Saint-Pierre, en Martinique.*

A. Un tremblement de terre
B. Un ouragan
C. Une manifestation qui a mal tourné
D. Une éruption du volcan de la montagne Pelée

3. *De 1916 à 1924, ce pays a occupé la République dominicaine*

A. La France
B. Haïti
C. Les États-Unis
D. L'Espagne

⮑ Qui suis-je?

Identifiez les personnages historiques ou les artistes suivants (possibilité de 7 points):

1. *Né à Cuba en 1926, il fut à la tête du groupe de rebelles qui renversa le régime de Fulgencio Batista dans la nuit du 1er janvier 1959.*

A. Ernesto «Che» Guevara
B. Tomás Estrada Palma
C. Calixto Garciá
D. Fidel Castro

2. *Il mena une longue lutte politique qui aboutit à l'abolition de l'esclavage dans les colonies françaises, notamment en Martinique et en Guadeloupe.*

A. Victor Schœlcher
B. Le marquis de Baas
C. Antoine d'Arcy
D. Aimé Césaire

3. *Il fut le fondateur de la ville de Santo Domingo, en République dominicaine, en 1496.*

A. Christophe Colomb
B. Bartolomé Colomb
C. Toussaint L'Ouverture
D. Pedro Santana

4. *Originaire de la Martinique, elle épousa Napoléon et devint l'impératrice Joséphine.*

A. Maryse Condé
B. Madame du Parquet
C. Marie-Josèphe Rose Tascher de la Pagerie
D. Euzhan Palcy

5. *Né en 1945 en Jamaïque, ce musicien popularisa le reggae à travers le monde.*

A. Eric Clapton
B. Bob Marley
C. B.B. King
D. Marcus Garvey

Les Caraïbes

6. *Grand poète dont l'œuvre a influencé la littérature antillaise et africaine de langue française, il a aussi été maire de Fort-de-France de 1945 à 2001 et fondateur du Parti progressiste martiniquais.*

A. Raphael Confiant
B. Victor Schœlcher
C. Aimé Césaire
D. Patrick Chamoiseau

7. *Groupe mythique de musiciens cubains, il a fait l'objet d'un documentaire signé Wim Wenders.*

A. La Compagnie créole
B. Le Buena Vista Social Club
C. Les Wailing Wailers
D. Les Baha Men

⊃ Les attraits importants

Identifiez les attraits touristiques décrits ci-dessous (possibilité de 3 points):

1. *Riche demeure construite à Varadero (Cuba) pour l'industriel américain d'origine française Pierre Samuel Du Pont de Nemours.*

A. Palacio de Junca
B. Palacio de Pioneros
C. Casa del Fundador
D. Mansión Xanadu

2. *Cathédrale érigée en 1540 à Santo Domingo, en République dominicaine.*

A. Cathédrale Saint-Louis
B. Catedral Santa María de la Encarnación
C. Catedral de La Habana
D. Iglesia de San José

3. *Cette forteresse fait figure de symbole du quartier historique de San Juan, à Puerto Rico.*

A. Fuerte San Jerónimo
B. Castillo de los Tres Reyes del Morro
C. Fortaleza San Carlos de la Cabaña
D. Fuerte San Felipe del Morro

⊃ Les us et coutumes

Trouvez de quoi il s'agit (possibilité de 3 points):

1. *Dans plusieurs îles des Caraïbes, cette grande fête se tient chaque année au cours des jours qui précèdent le mercredi des Cendres.*

A. Le carnaval
B. Le festival de jazz
C. La Saint-Valentin
D. La célébration de l'abolition de l'esclavage

2. *Dans les Antilles françaises, ce tissu aux couleurs vives est traditionnellement utilisé pour la confection des jupes et des coiffes des dames.*

A. Dentelle
B. Velours
C. Madras
D. Denim

3. *Ceux produits à Cuba sont considérés comme les meilleurs au monde. De quoi s'agit-il?*

A. Les rhums
B. Les instruments de percussion
C. Les chapeaux de paille
D. Les cigares

➲ Les langues

Testez vos connaissances sur les langues utilisées dans les Caraïbes (possibilité de 3 points):

1. *Ce mot désigne en créole une personne de race blanche, généralement propriétaire foncier, née aux Antilles.*
   A. Ti bo
   B. Béké
   C. Marron
   D. Madras

2. *L'Espagnol est la langue officielle de tous les pays suivants sauf un; lequel?*
   A. République dominicaine
   B. Cuba
   C. Puerto Rico
   D. Saint-Kitts

3. *Le français est parlé dans toutes ces îles sauf une; laquelle?*
   A. Sainte-Lucie
   B. Martinique
   C. Guadeloupe
   D. Saint-Martin

➲ La gastronomie

Identifiez les spécialités culinaires typiques décrites ci-dessous (possibilité de 3 points):

1. *Sauce à base d'huile, de citron et d'ail dont on se sert à Cuba pour badigeonner la viande de porc.*
   A. *Mojo*
   B. *Arroz*
   C. *Pan*
   D. *Chicharrón*

2. *Beignets au poisson ou fruits de mer en Martinique.*
   A. Calalou
   B. Planteur
   C. Glace coco
   D. Accras

3. *Aux Bahamas, mets délicats provenant de la chair blanche et ferme d'un grand mollusque marin.*
   A. *Conch*
   B. Mérou
   C. Banane de mer
   D. *Duff*

⮑ Question boni I

Avec quelque 60 millions de visiteurs chaque année, ce pays constitue la destination touristique numéro un au monde. Quel est-il?

A. Les États-Unis
B. L'Espagne
C. La France
D. L'Italie
E. Le Mexique

Les réponses aux questions bonis se trouvent à la page 60.

Question boni

Le Mexique, l'Amérique centrale et l'Amérique du Sud

➲ **Un peu de géographie**

Testez vos connaissances sur la géographie de l'Amérique centrale et de l'Amérique du Sud (possibilité de 4 points):

1. *On trouve dans ce pays d'Amérique centrale le volcan Tajamulco, le Lago de Atitlán, les ruines de Tikal et la ville de Chichicastenango.*

    A. Mexique
    B. Guatemala
    C. Costa Rica
    D. Belize

2. *Cette ville est la capitale de la Bolivie.*

    A. Cochabamba
    B. Sucre
    C. La Paz
    D. Copacabana

Le Mexique, l'Amérique centrale et l'Amérique du Sud

➲ **O**ù suis-je?

Positionnez les pays suivants sur la carte géographique (possibilité de 8 points):

Argentine   Suriname
Paraguay   Colombie
Costa Rica   El Salvador
Uruguay   Bolivie

3. Ce glacier spectaculaire, situé en Argentine, fait 257 km² et se reflète dans le lac Argentino.

A. Le Perito Moreno
B. L'Osorno
C. Le Parinacota
D. Le Puerto Montt

4. Lac situé à la frontière de la Bolivie et du Pérou.

A. Lac Argentino
B. Lac Amazone
C. Lac Rodrigo de Freitas
D. Lac Titicaca

➲ Les événements marquants

Identifiez les événements qui ont marqué l'histoire du continent latino-américain (possibilité de 3 points):

1. Pancho Villa et Zapata furent deux des quatre chefs révolutionnaires de cette révolte populaire qui dura de 1910 à 1920.

A. La guerre du Pacifique
B. La guerre d'Indépendance
C. La Révolution mexicaine
D. La guerre des Castes

2. Ce pays a connu, en 2001-2002, de graves problèmes économiques. Le mécontentement populaire face à la corruption s'y est manifesté à coup de concerts de casseroles dans les rues...

A. Brésil
B. Argentine
C. Paraguay
D. Uruguay

3. Cet événement a attiré l'attention mondiale sur la jungle amazonienne de la Bolivie en 1967.

A. L'assassinat de Simón Bolívar
B. Le débarquement de la baie des Cochons
C. L'assassinat d'Ernesto «Che» Guevara
D. L'enlèvement d'Ingrid Bétancourt

➲ Qui suis-je?

Identifiez les personnalités suivantes (possibilité de 7 points):

1. En 1992, cette Guatémaltèque est devenue, à 33 ans, la plus jeune lauréate du Prix Nobel de la paix pour s'être faite la porte-parole des Indiens opprimés de son pays.

A. Frida Kahlo
B. María Molina
C. Ingrid Bétancourt
D. Rigoberta Menchú

2. Héros des guerres d'Indépendance d'Amérique du Sud surnommé le «Libertador», sa patrie est le Venezuela.

A. Simón Bolívar
B. Che Guevara
C. Fidel Castro
D. Diego García

3. Écrivain colombien, auteur de «Cent ans de solitude» et de «Chronique d'une mort annoncée».

A. Pablo Neruda
B. Antonio Skármeta
C. Gabriel García Márquez
D. Julios Cortázar

Le Mexique, l'Amérique centrale et l'Amérique du Sud

4. *Premier chef d'État socialiste du Chili, il fut assassiné le 11 septembre 1973 et remplacé par le général Augusto Pinochet.*

A. Salvador Allende
B. Pablo Neruda
C. Patricio Aylwin
D. Eduardo Frei

5. *Explorateur portugais qui, en 1500, découvrit les terres du Brésil en cherchant une route vers les Indes.*

A. Bartolomeu Dias
B. Pedro Álvares Cabral
C. Francisco de Almeida
D. Diogo Dias

6. *Neuvième souverain de l'Empire, cet Inca se lança, en 1438, à la conquête du continent, transforma Cusco en capitale et fonda une religion d'État.*

A. Pancho Villa
B. Pizarro
C. Manco Cápac
D. Pachacútec

7. *Peintre mexicain et muraliste engagé, il était l'époux de Frida Kahlo.*

A. Rufino Tamayo
B. Diego Rivera
C. David Alfaro Siqueiros
D. Augusto Pinochet

➲ Les attraits importants

Identifiez les attraits touristiques décrits ci-dessous (possibilité de 4 points):

1. *Joyau architectural de l'État montagneux du Minas Gerais, au Brésil, cette ville est classée monument national depuis 1933.*

A. Ouro Prêto
B. Salvador
C. Antigua
D. Sao Paulo

2. *C'est à cet endroit que l'on retrouve, au Pérou, une série de gigantesques figures tracées pour être vues depuis le ciel.*

A. Le Machu Picchu
B. La vallée de Nasca
C. La grotte de Lascaux
D. Le Grand Canyon

3. *Immense place qui forme le cœur de la ville de México depuis l'époque des Aztèques.*

A. La place Général Utrilla
B. La Grande Place
C. El Zócalo
D. El Duomo

4. *Ce site archéologique découvert au Pérou en 1911 témoigne du génie bâtisseur des Incas et est considéré par certains comme la 8e merveille du monde.*

A. Puerto Varas
B. Quito
C. Machu Picchu
D. Rapa Nui

➲ Les us et coutumes

Trouvez ce dont il s'agit (possibilité de 3 points):

1. *Méthode employée par les indigènes de l'Amazonie pour la chasse.*
   A. Les ultra-sons
   B. Le pilotis
   C. La sarbacane
   D. L'arbalette

2. *Danse acrobatique et art martial remontant au temps de l'esclavage au Brésil.*
   A. La *capoeira*
   B. La *cucaracha*
   C. La *bamba*
   D. Le *break dancing*

3. *Ce pain, élément essentiel lors de la Fête des morts célébrée le 2 novembre au Mexique, est disposé sur l'autel dressé en l'honneur des défunts.*
   A. Tortilla
   B. *Vuelve a la vida*
   C. *Pan de muerto*
   D. Crâne en sucre

➲ Les langues

Testez vos connaissances sur les langues utilisées en Amérique latine (possibilité de 3 points):

1. *Le nom de México signifie «nombril de la lune» dans cette langue, qui reste la langue indigène la plus parlée au Mexique.*
   A. Esperanto
   B. Náhuatl
   C. Chol
   D. Bambara

2. *Identifiez les deux langues officielles du Paraguay.*
   A. Le guarani et l'espagnol
   B. Le guarani et l'anglais
   C. Le guarani et le portugais
   D. L'espagnol et le français

3. *Cette langue est la langue nationale du Belize, en Amérique centrale.*
   A. Le français
   B. L'espagnol
   C. L'anglais
   D. Le portugais

➲ La gastronomie

Identifiez les spécialités culinaires typiques décrites ci-dessous (possibilité de 3 points):

1. *Cette «confiture de lait» est populaire dans plusieurs pays d'Amérique latine.*
   A. *Panque de plátano*
   B. *Dulce de leche*
   C. *Dulce de manzana*
   D. *Confitería*

2. *Boisson traditionnelle argentine qui ressemble au thé et qui est bue avec une paille en argent.*
   A. *Xocoatl*
   B. *Camelia sinensis*
   C. *Bombilla*
   D. *Yerba mate*

3. *Plat de poisson ou de fruits de mer crus macérés dans le jus de citron, très consommé en Amérique centrale et en Amérique du Sud.*
   A. *Ceviche*
   B. *Parihuela*
   C. *Guacamole*
   D. *Feijoada*

➲ Question boni 2

Sa superficie de 82 700 km² en fait le plus grand lac d'eau douce au monde. De quel lac s'agit-il?

    A. Lac Supérieur (Canada et États-Unis)
    B. Lac Titicaca (Bolivie et Pérou)
    C. Lac Victoria (Ouganda, Tanzanie et Kenya)
    D. Lac Baïkal (Russie)
    E. Lac Michigan (États-Unis)

➲ Question boni 3

Il culmine à 8 844 m et constitue le plus haut sommet du monde. De quel mont s'agit-il?

    A. Le Kailash (Tibet)
    B. Le mont Blanc (France et Italie)
    C. Le mont Robson (Canada)
    D. Le mont Everest (Népal)
    E. Le K2 (Pakistan)

Les réponses aux questions bonis se trouvent à la page 60.

Questions bonis

L'Europe

⟳ Un peu de géographie

Testez vos connaissances sur la géographie de l'Europe (possibilité de 3 points):

1. *Quel est le plus grand pays de l'Union européenne?*
   - **A.** La France
   - **B.** L'Allemagne
   - **C.** La Pologne
   - **D.** La Grande-Bretagne
   - **E.** L'Italie

2. *Lequel de ces pays ne fait pas partie de l'Union européenne?*
   - **A.** Malte
   - **B.** La Lituanie
   - **C.** La Pologne
   - **D.** Le Luxembourg
   - **E.** La Suisse

(Suite page 26)

?

3. *Laquelle de ces villes n'est pas une capitale?*

   A. Rome
   B. Genève
   C. Prague
   D. Paris
   E. Bruxelles
   F. Lisbonne

○ Les événements marquants

Identifiez les événements qui ont fait date dans l'histoire de l'Europe (possibilité de 2 points):

1. *Cet événement marqua le paroxysme d'une crise entre les États-Unis et l'URSS le 13 août 1961.*

   A. La construction du mur de Berlin
   B. L'invasion de la Tchécoslovaquie
   C. L'intervention des troupes soviétiques en Hongrie
   D. L'envoi de troupes américaines au Kosovo
   E. La visite du général de Gaulle à Cuba

2. *Cet accord signé en 1985 et entré en vigueur en 1995 a éliminé les contrôles d'identité aux frontières entre plusieurs pays de l'Union européenne.*

   A. La convention de Schengen
   B. Le traité de Maastricht
   C. Le traité de Paris
   D. Le traité de Rome
   E. Le traité de Versailles

○ Qui suis-je?

Identifiez les personnages historiques ou les artistes suivants (possibilité de 8 points):

1. *Au XIXᵉ siècle, ce personnage né en Corse tenta de prendre le contrôle de l'ensemble de l'Europe.*

   A. Adolph Hitler
   B. Charlemagne
   C. Charles Quint
   D. Jules César
   E. Napoléon Bonaparte

2. *Depuis Londres, il lança un appel aux Français à la radio pour les inviter à la Résistance.*

   A. Benito Mussolini
   B. Charles de Gaulle
   C. François Mitterrand
   D. Le maréchal Pétain
   E. Winston Churchill

3. *Ce scientifique italien eut maille à partir avec l'Église catholique pour avoir affirmé que la Terre tournait.*

   A. Galileo Galilei
   B. Copernik
   C. Marconi
   D. Léonardo da Vinci
   E. Amerigo Vespucci

4. *Né à Gand, il régnait sur un vaste empire qui incluait la Belgique et l'Espagne; on dit que le soleil ne se couchait jamais sur ses terres.*

   A. Alexandre le Grand
   B. Charles Quint
   C. Frédéric II
   D. Léopold II
   E. Louis XIV

5. *Né en Autriche, ce musicien vécut aussi à Prague et à Paris. Son opéra «La flûte enchantée» était l'un des premiers en langue allemande.*

A. Felix Mendelssohn-Bartholdy
B. Giuseppe Verdi
C. Jean-Sébastien Bach
D. Richard Wagner
E. Wolfgang Amadeus Mozart

6. *Il fit construire le château de Versailles, et on le surnommait le Roi Soleil.*

A. François Ier
B. Henry IV
C. Louis XIV
D. Louis XVI
E. Philippe II

7. *Né de parents arméniens, ce chanteur français a fait carrière quelques années au Québec après la Seconde Guerre mondiale.*

A. Charles Aznavour
B. Georges Brassens
C. Gilbert Bécaud
D. Jacques Brel
E. Léo Ferré

8. *Ministre des affaires étrangères français, on le surnomme le «père de l'Europe».*

A. André Malraux
B. François Mitterrand
C. Georges Pompidou
D. Robert Schuman
E. Valérie Giscard d'Estaing

➲ Les attraits importants

Identifiez les attraits touristiques décrits ci-dessous (possibilité de 4 points):

1. *Cette structure métallique fut construite pour l'Exposition universelle de 1889 et porte le nom de son concepteur.*

A. La Tour de Pise
B. La Tour Eiffel
C. Le Colisée
D. Le Heysel
E. Le viaduc de Millau

2. *Ce musée est l'un des plus importants du monde. Il abrite la «Joconde» de Leonardo da Vinci. Le Château des Tuileries qui lui était accolé brûla au XIXe siècle.*

A. La Galleria degli Uffizi
B. Le British Museum
C. Le musée d'Orsay
D. Le musée du Louvre
E. Le musée du Vatican

3. *Cette ville médiévale du sud de la France est une véritable forteresse.*

A. Avignon
B. Carcassonne
C. Monaco
D. Nice
E. Saint-Malo

4. *Le «David» de Michel-Ange était destiné à être exposé en plein air dans quelle ville?*

A. Bologne
B. Florence
C. Pise
D. Rome
E. Venise

L'Europe

➲ Les us et coutumes

Trouvez ce dont il s'agit (possibilité de 2 points):

1. *Dans cette ville a lieu chaque année un carnaval dont le bal masqué est l'événement marquant.*
   - **A.** Madrid
   - **B.** Munich
   - **C.** Paris
   - **D.** Rome
   - **E.** Venise

2. *Tous les deux ans, on la tapisse d'un demi-million de fleurs de bégonia.*
   - **A.** La Grand Place de Bruxelles
   - **B.** La Piazza di Spagna à Rome
   - **C.** La Piazza San Marco à Venise
   - **D.** La Place de la Concorde à Paris
   - **E.** La Postdammer Platz à Berlin

➲ Les langues

Testez vos connaissances sur les langues utilisées en Europe (possibilité de 3 points):

1. *Ces deux pays n'ont pas de langue commune.*
   - **A.** Allemagne et Autriche
   - **B.** Belgique et Pays-Bas
   - **C.** Espagne et Portugal
   - **D.** Suisse et Autriche
   - **E.** Suisse et Italie

2. *Laquelle de ces langues n'est pas une langue latine?*
   - **A.** Le catalan
   - **B.** Le flamand
   - **C.** Le français
   - **D.** Le portugais
   - **E.** Le roumain

3. *Laquelle de ces expressions, toutes tirées de langues européennes, ne veut pas dire «au revoir»?*
   - **A.** *Arriverderci*
   - **B.** *Auf wieder sehen*
   - **C.** *Hasta luego*
   - **D.** *Prego*
   - **E.** *Tot ziens*

➲ La gastronomie

Identifiez les spécialités culinaires typiques décrites ci-dessous (possibilité de 3 points):

1. *Fameux vin pétillant dont les transactions sont négociées principalement à Reims et qui a donné son nom à une région de France.*
   - **A.** Asti spumante
   - **B.** Blanquette de Limou
   - **C.** Champagne
   - **D.** Crémant
   - **E.** Vouvray

2. *Fromage français dont le nom a été l'une des premières marques protégées globalement dans le monde.*
   - **A.** Camembert
   - **B.** Chèvre
   - **C.** Gorgonzola
   - **D.** Gruyère
   - **E.** Roquefort

3. *La tarte Tatin a été inventée par?...*
   - **A.** Le restaurant la Tour d'Argent à Paris
   - **B.** Les sœurs Tatin
   - **C.** Maïté
   - **D.** Marie-Antoinette
   - **E.** Paul Bocuse

L'Asie

➲ Un peu de géographie

Testez vos connaissances sur la géographie de l'Asie (possibilité de 4 points):

1. *Quel est l'ancien nom de la Thaïlande?*

    A. L'Annam
    B. L'Indochine
    C. Le Cochinchine
    D. Le Myanmar
    E. Le Siam

2. *Lequel de ces pays ne fait pas partie de l'Asie du Sud-Est ?*

    A. La Malaisie
    B. La Thaïlande
    C. Le Japon
    D. Le Myanmar
    E. Singapour

?

L'Asie

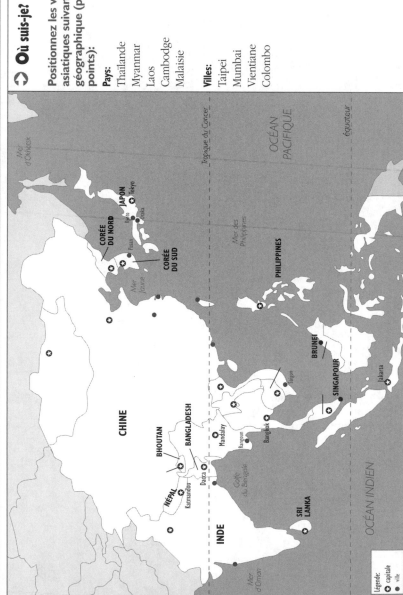

↻ Où suis-je?

Positionnez les villes ou les pays asiatiques suivants sur la carte géographique (possibilité de 9 points):

Pays:

Thaïlande
Myanmar
Laos
Cambodge
Malaisie

Villes:

Taipei
Mumbai
Vientiane
Colombo

Légende:
✪ capitale
● ville

CHINE
NÉPAL
BHOUTAN
BANGLADESH
INDE
SRI LANKA
Katmandou
Dacca
Mandalay
Rangoun
Bangkok
Saïgon
BRUNEI
SINGAPOUR
PHILIPPINES
CORÉE DU NORD
CORÉE DU SUD
JAPON
Kyoto
Osaka
Tokyo
Pusan
Jakarta

Mer d'Okhotsk
Mer Jaune
Mer des Philippines
Mer d'Oman
Golfe du Bengale
OCÉAN INDIEN
OCÉAN PACIFIQUE
Tropique du Cancer
équateur

3. *Dans quel pays le Mékong prend-il sa source?*
- **A.** La Birmanie
- **B.** La Chine
- **C.** La Thaïlande
- **D.** Le Vietnam
- **E.** Le Cambodge
- **F.** Le Laos

4. *Lequel est le plus long fleuve d'Asie?*
- **A.** L'Irrawaddy
- **B.** La Chao Phraya
- **C.** Le Gange
- **D.** Le Mékong
- **E.** Le Yangtsé

➲ Les événements marquants

Identifiez les événements qui ont fait date dans l'histoire de l'Asie (possibilité de 5 points):

1. *En 1949, ce pays devint totalement communiste, à l'exception d'une de ses îles importantes.*
- **A.** La Chine
- **B.** Le Bhutan
- **C.** Le Cambodge
- **D.** Le Laos
- **E.** Le Vietnam

2. *En 1945, pour la première fois dans l'histoire de l'humanité, des bombes atomiques furent lancées sur deux villes du Japon, Hiroshima et?...*
- **A.** Fukuoka
- **B.** Kyoto
- **C.** Nagoya
- **D.** Nagasaki
- **E.** Tokyo

3. *En 1904, la Thaïlande dut céder ce territoire à la France; elle ne l'a jamais récupéré depuis lors.*
- **A.** L'Isan
- **B.** La péninsule de Kra
- **C.** Le Cambodge
- **D.** Le Laos
- **E.** Le Myanmar

4. *Parmi la liste des pays ci-dessous, citez le pays qui n'a jamais connu la colonisation.*
- **A.** L'Indonésie
- **B.** La Malaisie
- **C.** Le Japon
- **D.** Le Népal
- **E.** Les Philippines

5. *Dans quel pays s'est déroulé en 1943 le tragique épisode du pont de la rivière Kwaï?*
- **A.** L'Indonésie
- **B.** La Malaisie
- **C.** La Thaïlande
- **D.** Les Philippines
- **E.** Singapour

➲ Qui suis-je?

Identifiez les personnages historiques suivants (possibilité de 7 points):

1. *Né au Népal au VI⁰ siècle avant l'ère chrétienne, il donna naissance à un mouvement religieux de grande ampleur en Asie.*
- **A.** Confucius
- **B.** Lao-Tseu
- **C.** Mohamed
- **D.** Siddharta Gautama
- **E.** Vishnou

L'Asie

2. *Il mena une longue lutte politique qui aboutit à l'indépendance de son pays; son action politique débuta en Afrique du Sud.*

   A. Benigno Ninoy Aquino
   B. Ho Chi Minh
   C. Jawaharlal Nehru
   D. Mao Tsé Toung
   E. Mohandas Karamchand Gandhi

3. *Il rencontra Nixon en 1972 et fut à l'origine de l'ouverture économique de la Chine.*

   A. Chou En Lai
   B. Deng Xiaoping
   C. Hua Guofeng
   D. Mao Tsé Toung
   E. Sun Yat Sen

4. *Il fut le premier Européen à rapporter le récit de ses voyages en Chine.*

   A. Bartolomé de Las Casas
   B. Christophe Colomb
   C. Homère
   D. Marco Polo
   E. Vasco de Gama

5. *Ce médecin canadien travailla en Chine au début du XXᵉ siècle et fait toujours l'objet d'une grande admiration de la part du peuple chinois.*

   A. Frederick Banting
   B. Hans Selye
   C. Norman Bethune
   D. Tommy Douglas
   E. Wilder Penfield

6. *C'est l'un des trois dieux les plus importants de l'hindouisme.*

   A. Bouddha
   B. Ganesh
   C. Krishna
   D. Rama
   E. Vishnou

7. *Ce personnage vécut au Vᵉ siècle avant l'ère chrétienne et est à l'origine d'une doctrine qui influence encore fortement toute la société en Chine, en Corée, au Vietnam et au Japon. Il considérait que l'homme doit se conduire sur la base de cinq vertus: la bonté, la droiture, la bienséance, la sagesse et la loyauté. Le respect des parents, de la vie et de la mort était également un de ses concepts clés.*

   A. Bouddha
   B. Confucius
   C. Lao Tseu
   D. Shinto
   E. Tao Zen

⊃ Les attraits importants

Identifiez les attraits touristiques décrits ci-dessous (possibilité de 3 points):

1. *Mausolée construit en marbre blanc par un roi pour son épouse.*

   A. Borobodur
   B. Konarak
   C. Pranbanam
   D. Sanchi
   E. Taj Mahal

2. *Ce pays compte le plus grand nombre de monuments importants du monde bouddhiste d'avant l'an 1000 de notre ère.*

   A. L'Inde
   B. Le Myanmar
   C. Le Népal
   D. Le Sri Lanka
   E. La Thaïlande

L'Asie

3. *Cet important site de l'empire khmer fut rendu célèbre en Europe au XIXe siècle par le Français Henri Mouhot.*

A. Angkor Wat
B. Ayuthaia
C. Si Sa Ket
D. Sukhothai
E. Wat Phra Keo

➔ Les us et coutumes

Trouvez ce dont il s'agit (possibilité de 1 point):

1. *Cette grande fête se tient chaque année en avril en Thaïlande; à cette occasion, tout le monde s'arrose dans les rues!*

A. Diwali
B. Fête de la lune
C. Holi
D. Loy Krathong
E. Songkrang

➔ Les langues

Testez vos connaissances sur les langues utilisées en Asie (possibilité de 3 points):

1. *Laquelle des langues asiatiques suivantes fait l'usage de tons?*

A. L'hindi
B. L'indonésien
C. Le coréen
D. Le japonais
E. Le thaïlandais

2. *En japonais, «Au revoir» se dit:*

A. Konbanwa
B. Konnichiwa
C. Nihao
D. Sawatdikrap
E. Sayonara

3. *Lequel de ces pays reconnaît 22 langues nationales?*

A. La Chine
B. L'Inde
C. L'Indonésie
D. La Malaisie
E. Le Sri Lanka

➔ La gastronomie

Identifiez les spécialités culinaires typiques décrites ci-dessous (possibilité de 3 points):

1. *Morceaux de poisson très frais servis crus?*

A. Sashimi
B. Sushi
C. Tempura
D. Udon
E. Yakitori

2. *Sauce à base de poisson, très utilisée dans la cuisine thaïe?*

A. Hoisin
B. Nam Pla
C. Satay
D. Soya
E. Wasabi

3. *Plat végétarien servi en Inde, à base de lentilles; on en mange même au petit déjeuner.*

A. Biriani
B. Curry
C. Dahl
D. Gulab Jamon
E. Palak Paneer

➲ Question boni 4

Parmi les langues suivantes, une seule n'apparaît pas dans la liste des cinq langues maternelles les plus répandues du monde. Quelle est l'intruse?

    A. L'anglais
    B. Le français
    C. L'hindi
    D. L'espagnol
    E. Le mandarin

Les réponses aux questions bonis se trouvent à la page 60.

L'Afrique

➲ Un peu de géographie

Testez vos connaissances sur la géographie de l'Afrique (possibilité de 4 points):

1. *Pays dans lequel est situé le mont Kilimandjaro, point culminant de l'Afrique.*
   - **A.** Tanzanie
   - **B.** Somalie
   - **C.** Congo
   - **D.** Angola

2. *Mis à part une bande côtière de 50 km, ce petit pays africain est totalement enclavé dans un autre pays, le Sénégal.*
   - **A.** Ouganda
   - **B.** Mauritanie
   - **C.** Gambie
   - **D.** Mali

(Suite page 38)

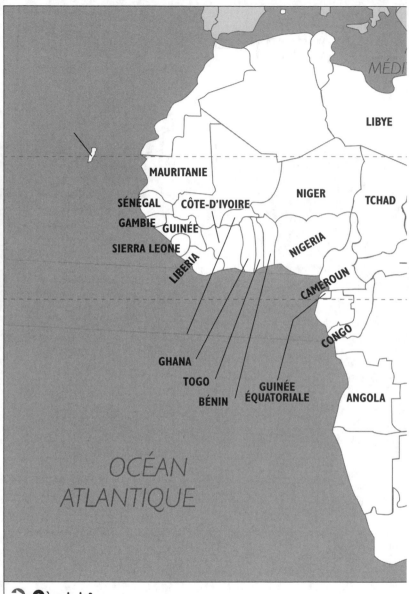

⟳ **O**ù suis-je?

Positionnez les pays africains suivants sur la carte géographique (possibilité de 8 points):

Gabon	Afrique du Sud	Soudan
Ouganda	Mali	Cap-Vert
Tunisie	Rwanda	

MER
TERRANÉE

ASIE

Tropique du Cancer

SOMALIE

ÉTHIOPIE

RÉPUBLIQUE
CENTRAFRICAINE

équateur

KENYA

BURUNDI

RÉP. DEM.
DU CONGO

MALAWI

ZAMBIE

ZIMBABWE

BOTSWANA

OCÉAN

INDIEN

L'Afrique

3. *Cette ville est la capitale du Bénin.*

    A. Dakar

    B. Conakry

    C. Ouagadougou

    D. Porto-Novo

4. *Chaîne de montagnes qui traverse trois pays d'Afrique du Nord: le Maroc, l'Algérie et la Tunisie.*

    A. Aberdare

    B. Atlas

    C. Mayombe

    D. Fouta-Djallon

➲ Les événements marquants

Identifiez les événements qui ont fait date dans l'histoire du continent africain (possibilité de 3 points):

1. *En 1847, ce pays peuplé d'anciens esclaves noirs libérés devient la première république indépendante d'Afrique noire.*

    A. Sierra Leone

    B. Burkina Faso

    C. Namibie

    D. Liberia

2. *Le massacre de Sétif constitue le préambule de cette guerre d'indépendance qui dura de 1954 à 1962.*

    A. La guerre des Boers

    B. La guerre d'Algérie

    C. L'apartheid

    D. La guerre civile angolaise

3. *Année de l'abolition officielle de l'apartheid en Afrique du Sud.*

    A. 1901

    B. 1961

    C. 1991

    D. 2001

➲ Qui suis-je?

Identifiez les personnalités suivantes (possibilité de 7 points):

1. *Né en 1923, ce savant et humaniste sénégalais a défendu avec ferveur l'apport de l'Afrique noire à la civilisation mondiale.*

    A. Nelson Mandela

    B. Cheikh Anta Diop

    C. Patrice Lumumba

    D. Abdou Diouf

2. *Président du Burkina Faso de 1983 à 1987, cet ancien militaire, assassiné lors d'un coup d'État, incarnait l'espoir pour la jeunesse africaine.*

    A. Thomas Sankara

    B. Youssou N'Dour

    C. Léopold Senghor

    D. Blaise Compaoré

3. *Ce chanteur et musicien albinos, né à Djoliba en 1949, est l'un des plus célèbres artistes maliens.*

    A. Baaba Maal

    B. Habib Koité

    C. Salif Keïta

    D. Papa Wemba

4. *Dernier empereur d'Éthiopie décédé en 1975, ce fils de gouverneur est considéré comme un «messie» noir par les adeptes du rastafarisme.*

    A. Bob Marley

    B. Hailé Sélassié Ier

    C. Joseph-Désiré Mobutu

    D. Mogho Naaba

5. *L'un des principaux dirigeants de la lutte contre l'apartheid, cet ancien président sud-africain a passé plus de 25 années de sa vie en prison pour des raisons politiques.*
   A. Robert Mugabe
   B. Desmond Tutu
   C. Abdoulaye Wade
   D. Nelson Mandela

6. *Homme politique et homme de lettres ayant approfondi le concept de la négritude, il devient, en 1960, le premier président de la république du Sénégal.*
   A. Léopold Senghor
   B. Patrice Lumumba
   C. Amadou Toumani Touré
   D. Sékou Touré

7. *Première femme chef d'État africaine, elle est élue présidente du Libéria en novembre 2005.*
   A. Angélique Kidjo
   B. Ellen Johnson Sirleaf
   C. Vivianne Wade
   D. Mariama Bâ

➲ Les attraits importants

Identifiez les attraits touristiques décrits ci-dessous (possibilité de 4 points):

1. *Située au Sénégal, à quelques kilomètres de Dakar, cette île est tristement célèbre pour avoir été l'un des lieux de la traite des esclaves durant plusieurs siècles.*
   A. L'île de la Réunion
   B. L'île Maurice
   C. L'île de Gorée
   D. L'île aux coquillages

2. *Cette mosquée de Casablanca, au Maroc, considérée comme un chef-d'œuvre architectural, est la plus vaste au monde après celle de La Mecque.*
   A. La mosquée bleue
   B. La mosquée El Azhar
   C. La grande mosquée Hassan II
   D. La grande mosquée d'Abuja

3. *Surnommée «la perle du désert», cette ville malienne est entrée dans la légende et est aujourd'hui inscrite sur la Liste du patrimoine mondial de l'UNESCO.*
   A. Bamako
   B. Nouakchott
   C. Abidjan
   D. Tombouctou

4. *Parmi les plus spectaculaires au monde, ces chutes d'eau se trouvent à la frontière de la Zambie et du Zimbabwe.*
   A. Les chutes d'Iguazú
   B. Les chutes Victoria
   C. Les chutes du Niagara
   D. Les chutes d'Hopetown

➲ Les us et coutumes

Trouvez ce dont il s'agit (possibilité de 3 points):

1. *Culte animiste provenant de l'ancien royaume du Dahomey, encore très vivant au Togo et au Bénin, et répandu aux Antilles et en Amérique à partir du XVIIIᵉ siècle.*
   A. La *santería*
   B. Le vaudou
   C. Le chamanisme
   D. Le taoïsme

?

L'Afrique

2. *Ce mot tiré du bambara désigne à la fois un tissu et un style de teinture particulier, généralement dans les tons d'ocre et de noir, employé au Mali, au Burkina Faso et en Guinée.*

A. Bogolan
B. Basin
C. Cachemire
D. Indigo

3. *Dépositaires de la tradition orale en Afrique, ces hommes et femmes de caste particulière sont aussi poètes et musiciens.*

A. Les forgerons
B. Les griots
C. Les tirailleurs
D. Les féticheurs

⮑ Les langues

Testez vos connaissances sur les langues utilisées en Afrique (possibilité de 3 points):

1. *Pays dans lesquels on parle l'afrikaans, une langue dérivée du néerlandais.*

A. Afrique du Sud et Côte d'Ivoire
B. Afrique du Sud et Namibie
C. Maroc et Algérie
D. Cameroun et Tchad

2. *Le portugais est la langue officielle et coloniale de ce pays.*

A. Mauritanie
B. Togo
C. Angola
D. Ouganda

3. *On ne parle pas le français dans un de ces pays: lequel?*

A. Sénégal
B. Burkina Faso
C. Algérie
D. Nigéria

⮑ La gastronomie

Identifiez les spécialités culinaires typiques décrites ci-dessous (possibilité de 3 points):

1. *Plat à base de farine de manioc, très consommé en Afrique de l'Ouest.*

A. Couscous
B. Foufou
C. Aloko
D. Yassa

2. *La cuisine de ce pays africain se distingue par l'utilisation d'une galette, l'injera, servie à tous les repas et utilisée à la fois comme assiette et ustensiles.*

A. Bénin
B. Tunisie
C. Éthiopie
D. Congo

3. *Ce plat nourrissant constitue le plat national du Sénégal.*

A. Le mafé (riz avec sauce à l'arachide)
B. Le *tièp bou djène* (riz au poisson)
C. Le couscous
D. Le *tô* (bouillie de mil)

L'Océanie

➲ Un peu de géographie

Testez vos connaissances sur la géographie du continent océanien (possibilité de 4 points):

1. *Capitale australienne, dont le nom signifie «lieu de rencontre».*
   - **A.** Canberra
   - **B.** Sydney
   - **C.** Melbourne
   - **D.** Victoria

2. *Ce pays partage son territoire avec l'Irin Jaya, qui fait partie de l'Indonésie.*
   - **A.** Îles Salomon
   - **B.** Papouasie-Nouvelle-Guinée
   - **C.** Île de Pâques
   - **D.** Australie

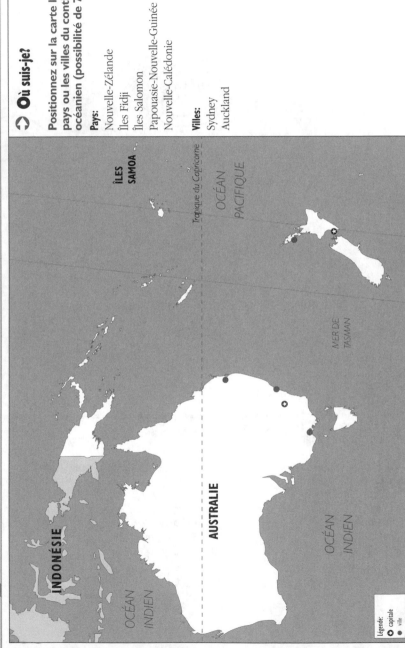

L'Océanie

Où suis-je?

Positionnez sur la carte les pays ou les villes du continent océanien (possibilité de 7 points):

Pays:
Nouvelle-Zélande
Îles Fidji
Îles Salomon
Papouasie-Nouvelle-Guinée
Nouvelle-Calédonie

Villes:
Sydney
Auckland

ÎLES
SAMOA

Tropique du Capricorne

OCÉAN
PACIFIQUE

INDONÉSIE

MER DE
TASMAN

AUSTRALIE

OCÉAN
INDIEN

OCÉAN
INDIEN

Légende:
✪ capitale
● ville

3. *Cette ville est la capitale de Tahiti.*
   A. Vaitape
   B. Uturpa
   C. Papeete
   D. Bora Bora

4. *Point culminant de la Nouvelle-Zélande, ce mont a une hauteur de 3 764 mètres.*
   A. Mont Aspiring
   B. Mont Maunganui
   C. Mont Hutt
   D. Mont Cook ou Aoraki

➲ Les événements marquants

Identifiez les événements marquants et les dates importantes de l'histoire de l'Océanie (possibilité de 3 points):

1. *Année où la citoyenneté australienne est accordée aux aborigènes.*
   A. 1867
   B. 1907
   C. 1967
   D. 1987

2. *Premier pays ayant accordé le droit de vote aux femmes, en 1893.*
   A. Australie
   B. Nouvelle-Zélande
   C. Hawaï
   D. Papouasie

3. *Événement mythique qui s'est produit en 1789 et a profondément influencé l'histoire de la Polynésie.*
   A. L'ascension du mont Cook
   B. La révolte des mineurs de Ballarat
   C. La mutinerie du *Bounty*
   D. L'arrivée du peintre Gauguin à Tahiti

➲ Qui suis-je?

Identifiez les personnalités suivantes (possibilité de 7 points):

1. *Il est considéré comme le plus grand explorateur du Pacifique Sud, où il a effectué trois grandes expéditions scientifiques entre 1769 et 1779.*
   A. Gaston Flosse
   B. James Cook
   C. John Byron
   D. Samuel Wallis

2. *Peintre français décédé en 1903, il a vécu les dernières années de sa vie en Polynésie.*
   A. Odile Redon
   B. Auguste Rodin
   C. Édouard Manet
   D. Paul Gauguin

3. *En 1971, il devient le premier député aborigène d'Australie.*
   A. Neville Bonner
   B. Malcolm Fraser
   C. Edward Koiki Mabo
   D. Ned Kelly

4. *Premier ministre australien élu en 1996.*
   A. Edward Whitlam
   B. John Woodward
   C. John Howard
   D. Bob Hawke

5. *Sa dernière chanson, «Les Marquises», constitue un hommage à la terre d'accueil où le chanteur avait choisi de finir ses jours.*
   A. Maurice Chevalier
   B. Léo Ferré
   C. Jacques Brel
   D. Georges Brassens

L'Océanie

6. *Premier explorateur français du Pacifique, il arriva à Tahiti en 1768 et est à l'origine de l'expression du «bon sauvage».*

A. Jacques Cartier
B. Louis-Antoine de Bougainville
C. Marion Dufresne
D. Fernand de Magellan

7. *Chanteur du groupe australien Midnight Oil, connu pour son engagement écologique et anti-nucléaire.*

A. James Garrett
B. Peter Gabriel
C. Peter Garrett
D. Andrew James

⤳ Les attraits importants

Identifiez les attraits touristiques décrits ci-dessous (possibilité de 4 points):

1. *Surnommée la «perle du Pacifique», cette île polynésienne, connue pour ses maisons sur pilotis, a pour principale localité Vaitape.*

A. Bora Bora
B. Tahiti
C. Les Marquises
D. Maupiti

2. *Localité où reposent le peintre Paul Gauguin et le chanteur Jacques Brel.*

A. Papeete
B. Vana Vana
C. Canberra
D. Hiva Oa

3. *Arrière-pays australien, dont les terres sauvages et semi-arides sont pratiquement inoccupées.*

A. Blue Mountains
B. Outback
C. Queensland
D. Far West

4. *Édifice très particulier, en forme de voiles, construit par l'architecte danois Jorn Utzon et devenu l'attrait touristique le plus populaire de Sydney.*

A. State Theatre
B. Australian Museum
C. Sydney Opera House
D. Sydney Tower

⤳ Les us et coutumes

Trouvez ce dont il s'agit (possibilité de 3 points):

1. *Parure esthétique, symbole d'appartenance ou marque d'intimidation, cette tradition polynésienne, interdite par les missionnaires européens, est en plein renouveau.*

A. Le tissage
B. Le tatouage
C. Le tiki
D. Le paréo

2. *Danse masculine et guerrière des Maoris, qui l'exécutent en tirant la langue et en exorbitant leurs yeux en signe de défi.*

A. Haka
B. Vahiné
C. Moko
D. Kete

3. *Sport très prisé en Nouvelle-Zélande, où la mythique équipe nationale s'appelle les «All Blacks».*

A. Le cricket
B. Le rugby
C. Le soccer
D. Le golf

➲ Les langues

Testez vos connaissances sur les langues utilisées en Océanie (possibilité de 3 points):

1. *Quelles sont les trois langues principalement parlées aux îles Fidji?*
   A. L'anglais, le fidjien et l'hindi
   B. Le français, le fidjien et l'hindi
   C. L'anglais, le malinké et le marquisien
   D. L'anglais, le swahili et l'hindi

2. *Langue officielle imposée par les colonisateurs en Australie et en Nouvelle-Zélande.*
   A. Le néerlandais
   B. L'allemand
   C. Le français
   D. L'anglais

3. *Quelles sont les deux langues officielles de Tahiti?*
   A. L'anglais et le maori
   B. Le français et le tahitien
   C. Le samoan et le maori
   D. L'anglais et le samoan

2. *Sorte de four composé d'un trou creusé dans le sol, de pierres, de branches et de sable, utilisé par les Polynésiens pour cuire les aliments à l'étouffée.*
   A. Tamaaraa
   B. Ahimaa
   C. Pia
   D. Mahi-mahi

3. *Daurade à la chair légèrement rosée, très consommée en Polynésie.*
   A. Maho
   B. Mahi-mahi
   C. Kaveu
   D. Keetu

4. *Plante très estimée partout en Océanie et dont on consomme les feuilles et les tubercules.*
   A. Taro
   B. Fougère
   C. Mil
   D. Betterave

➲ La gastronomie

Identifiez les spécialités ou techniques culinaires typiques décrites ci-dessous (possibilité de 4 points):

1. *Spécialité hawaïenne composée de morceaux de porc ou de bœuf, de poisson salé et de taro, emballés dans des feuilles de ti et cuits à la vapeur.*
   A. Kulolo
   B. Laulau
   C. Huli Huli
   D. Lomi Lomi

L'Océanie

⮕ **Question boni 5**

Selon l'ONU, quelle est aujourd'hui la population mondiale approximative?

    A. 4,5 milliards
    B. 5,5 milliards
    C. 6,5 milliards
    D. 7,5 milliards
    E. 8,5 milliards

Les réponses aux questions bonis se trouvent à la page 60.

Question boni

Solutionnaire

Le Canada et les États-Unis

Où suis-je?

Voir la carte ci-dessus

Un peu de géographie

1- B
2- D
3- A
4- D

Les événements marquants

1- B
2- A
3- D
4- C

Qui suis-je?

1- E
2- C
3- A
4- C
5- A
6- C
7- D

Les attraits importants

1- B
2- A
3- C
4- A
5- E

Les langues, les us et les coutumes

1- D
2- D
3- D

La gastronomie

1- C
2- B
3- A

⮕ En savoir plus

Par les mots

De nombreux romanciers ont planté l'action de leurs œuvres dans diverses régions du Canada et des États-Unis. Au Québec, mentionnons Michel Tremblay (***La Grosse femme d'à côté est enceinte***), la Franco-Manitobaine Gabrielle Roy (***Bonheur d'occasion***) et Mordecai Richler (***L'Apprentissage de Duddy Kavitz***) pour Montréal; Roger Lemelin (***Au Pied de la pente douce***) pour Québec; Claude Henri-Grignon (***Un Homme et son péché***) pour les Laurentides; le Français Louis Hémon (***Maria Chapdelaine***) pour le Saguenay–Lac-Saint-Jean; Victor-Lévy Beaulieu (***Race de monde***) pour le Bas-Saint-Laurent; et Yves Thériault (***Agaguk***) pour le Grand Nord.

Quant aux autres régions du Canada, citons Antonine Maillet (***Pélagie la Charrette***) et Lucy Maud Montgomery (***Anne la maison aux pignons verts***) pour les Provinces atlantiques; Margaret Atwood (***Le Tueur aveugle***) pour l'Ontario; Nancy Huston (***Cantique des plaines***) pour les Prairies; et Douglas Coupland (***Génération X***) pour l'Ouest canadien.

Aux États-Unis, la production littéraire est très riche, et la présente sélection n'en donne qu'un tout petit aperçu. Parmi les auteurs dont l'œuvre permet de découvrir une facette de l'Amérique, mentionnons Jack Kerouac (***Sur la route***), Paul Auster (***La trilogie new-yorkaise***), John Irving (***Hotel New Hampshire***) et John Grisham (***L'Affaire Pélican***). À cela, il faut ajouter des classiques de grands auteurs comme Edgar Allan Poe (***Histoires extraordinaires***), Nathaniel Hawthorn (***La Lettre écarlate***), Herman Melville (***Moby Dick***), Mark Twain (***Les Aventures de Tom Sawyer***), Margaret Mitchell (***Autant en emporte le vent***), Ernest Hemingway (***L'Adieu aux armes***), Tennessee Williams (***Un tramway nommé Désir***), Arthur Miller (***Mort d'un commis voyageur***), John Steinbeck (***Les Raisins de la colère***) et Truman Capote (***De sang-froid***).

Par les images

Parmi les cinéastes québécois marquants, mentionnons Pierre Perreault et Michel Brault (***Pour la suite du monde***), Claude Jutra (***Mon oncle Antoine***), Gilles Carle (***La Mort d'un bûcheron***), Jean Beaudin (***J.A. Martin photographe***), Francis Mankiewicz (***Les Bons débarras***), Denys Arcand (***Les Invasions barbares***), Jean-Claude Lauzon (***Un Zoo la nuit***), Robert Lepage (***Le Confessionnal***), François Girard (***Le Violon rouge***), Jean-François Pouliot (***La Grande Séduction***), Charles Binamé (***Maurice Richard***) et Jean-Marc Vallée (***C.R.A.Z.Y.***).

Du côté du Canada anglais, il convient de signaler le travail de David Cronenberg (***La Mouche***, ***Crash***) et d'Atom Egoyan (***De Beaux lendemains***), ainsi que celui d'autres cinéastes qui ont oeuvré à Hollywood, comme Norman Jewison (***Le Kid de Cincinnati***).

Aux États-Unis, dont la production cinématographique est connue mondialement, arrêtons-nous à quelques cinéastes associés tout particulièrement à une région ou une autre du pays. Ainsi, la ville de New York a inspiré les meilleurs films de Woody Allen (***Annie Hall***, ***Manhattan***), et personne mieux que Martin Scorsese n'a évoqué cette ville à diverses époques de son histoire (***New York, New York***, ***Le Temps de l'innocence***, ***Les Gangs de New York***). La conquête de l'Ouest a pour sa part inspiré la création d'un genre cinématographique, le western. Plusieurs cinéastes américains s'y sont intéressés, dont John Ford (***La Chevauchée fantastique***), mais aussi des réalisateurs étrangers comme Sergio Leone (***Il était une fois dans l'Ouest***). De son côté, Francis Ford Coppola a su dresser le portrait d'une certaine Amérique avec sa trilogie ***Le Parrain***, en plus de se pencher sur la guerre du Vietnam dans ***Apocalypse Now***. Cette guerre, qui a marqué la psyché américaine, a également inspiré les Michael Cimino (***Voyage au bout de l'enfer***), Oliver Stone (***Né un 4 juillet***) et autres. On doit aussi à d'autres créateurs américains certains classiques du cinéma. Parmi ceux-ci, mentionnons Charlie Chaplin (***Les Temps modernes***), Orson Wells (***Citizen Kane***), Walt Disney (***Blanche-Neige et les sept nains***), Stanley Kubrick (***2001, l'odyssée de l'espace***), Steven Spielberg (***La Liste de Schindler***) et Clint Eastwood (***Mystic River***).

Solutionnaire - Le Canada et les États-Unis

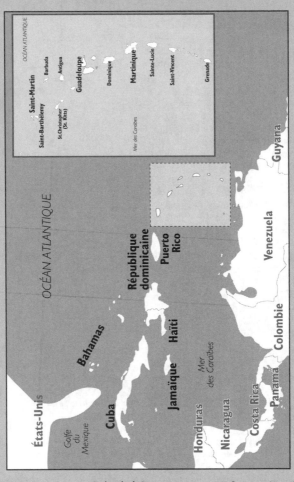

Les Caraïbes

Où suis-je?
Voir la carte ci-dessus

Un peu de géographie
1- A
2- C
3- D

Les événements marquants
1- A
2- D
3- C

Qui suis-je?
1- D
2- A
3- B
4- C
5- B
6- C
7- B

Les attraits importants
1- D
2- B
3- D

Les us et coutumes
1- A
2- C
3- D

Les langues
1- B
2- D
3- A

La gastronomie
1- A
2- D
3- A

⮑ En savoir plus

Par les mots

Les Antilles françaises ont une forte tradition littéraire. Jetez par exemple un coup d'œil sur l'œuvre du grand poète martiniquais Aimé Césaire (***Cahier d'un retour au pays natal***, ***Soleil cou coupé***, ***La tragédie du roi Christophe***). Le roman ***Rue Cases-Nègres***, de Joseph Zobel, fait aussi partie des classiques incontournables. Il raconte la difficile condition des ouvriers noirs travaillant sur les plantations de canne à sucre. Plus récemment, Patrick Chamoiseau a remporté le prix Goncourt pour ***Texaco***, extraordinaire saga qui évoque toute l'histoire martiniquaise. Deux très beaux romans de Raphaël Confiant méritent également le détour: ***L'Allée des Soupirs*** et l'étonnant ***Le barbare enchanté***, une évocation réussie du passage du peintre Paul Gauguin en Martinique.

Du côté de la Guadeloupe, des auteurs renommés comme Saint-John Perse (***Éloges***), Édouard Glissant (***La Lézarde***, prix Renaudot en 1958), Maryse Condé (***Ségou***, ***La Migration des cœurs***) et Simone Schwarz-Bart (***Ti Jean L'Horizon***) doivent sans faute être cités.

L'histoire littéraire cubaine est également très riche. Mentionnons à titre d'exemples le poète et romancier José Martí (***Notre Amérique***), Nicolás Guillén (***Motivos de son***) et Alejo Carpentier (***Le siècle des lumières***, ***Le Royaume de ce monde***, ***Les Pas perdus***), considéré comme l'un des maîtres de la littérature latino-américaine.

On ne peut finalement passer sous silence l'œuvre de Dany Laferrière, né à Port-au-Prince (Haïti). Parmi ses romans les plus remarqués, mentionnons ***L'odeur du café*** et ***Le goût des jeunes filles***.

Par les images

Euzhan Palcy est une cinéaste originaire de la Martinique à qui l'on doit l'adaptation du roman ***Rue Cases-Nègres*** au grand écran. Elle remporta d'ailleurs pour ce film le Lion d'argent au Festival de Venise en 1983.

Pour goûter à la sensationnelle musique cubaine, il ne faut pas manquer le film documentaire de Wim Wenders ***Buena Vista Social Club***.

Les amateurs d'histoire peuvent quant à eux revivre la découverte des Caraïbes et de l'Amérique par Christophe Colomb grâce au film de Ridley Scott ***1492: Christophe Colomb***.

Sur une note plus légère, l'irrésistible ***Pirates des Caraïbes***, avec Johnny Depp, est une comédie qui déridera les plus blasés.

Solutionnaire - Les Caraïbes

Le Mexique, l'Amérique centrale et l'Amérique du Sud

Où suis-je?

Voir la carte ci-dessus

Un peu de géographie

1. B
2. C
3. A
4. D

Les événements marquants

1. C
2. B
3. C

Qui suis-je?

1. D
2. A
3. C
4. A
5. B
6. D
7. B

Les attraits importants

1. A
2. B
3. C
4. C

Les us et coutumes

1. C
2. A
3. C

Les langues

1. B
2. A
3. C

La gastronomie

1. B
2. D
3. A

⤷ En savoir plus

Par les mots

Les auteurs latino-américains ayant connu un succès international sont nombreux, et l'on compte parmi eux plusieurs Prix Nobel de littérature: le Mexicain Octavio Paz (**Le labyrinthe de la solitude**), le Chilien Pablo Neruda (**Chant général, Vingt poèmes d'amour**), le Guatémaltèque Miguel Ángel Asturias (**Légendes du Guatemala, Monsieur le Président**) et le Colombien Gabriel García Márquez (**Cent ans de solitude, Chronique d'une mort annoncée**).

Empreintes de réalisme magique, les œuvres de la Chilienne Isabel Allende (**La maison aux esprits**), de l'Argentin Julio Cortázar (**Marelle, Les armes secrètes**) et du Mexicain Carlos Fuentes (**Terra Nostra, L'oranger**) explorent plusieurs des thèmes chers aux écrivains du continent telles la dénonciation de la misère, la dictature et la corruption.

Du côté du Chili, Luis Sepulveda a publié le magnifique livre **Le vieux qui lisait des romans d'amour**, dont l'action se situe en plein cœur de la forêt amazonienne. L'auteur de réputation internationale Mario Vargas Llosa nous plonge quant à lui au cœur de la vie péruvienne avec les romans **La maison verte, Les chiots** et **Lituma dans les Andes**.

Écrivain québécois d'origine brésilienne, Sergio Kokis (**Le pavillon des miroirs, Errances**) a publié plus d'une douzaine de titres, dont plusieurs s'inspirent de ses souvenirs d'enfance au Brésil.

À lire, enfin, pour en apprendre plus sur la civilisation maya, le **Rabinal-Achi**, une œuvre dramatique qui renseigne sur le mode de vie des Mayas, et le **Popol Vuh** (**Le livre du Conseil**), en quelque sorte la Bible de la civilisation précolombienne des Quichés.

Par les images

Le roman du Chilien Antonio Skármeta, **Une ardente patience**, a donné naissance au superbe film de Michael Radford, **Le Facteur**, qui a pour trame de fond l'exil du poète et romancier Pablo Neruda. Au Mexique, Alfonso Arau a porté à l'écran le très beau roman de Laura Esquivel, **Como agua para chocolate**, devenu **Les épices de la passion** dans sa version française.

Pour revivre les années de jeunesse du révolutionnaire Che Guevara et admirer les superbes paysages de l'Amérique latine, le film **Carnets de voyage**, de Walter Salles, est tout indiqué. À travers l'histoire de deux enfants chiliens, **Mon ami Machuca**, d'Andrés Wood, revient sur le coup d'État qui mena à l'assassinat de Salvador Allende, en 1973.

De facture plus contemporaine, le film brésilien **Cité de Dieu**, de Fernando Meirelles et de Kátia Lund, et le film **Amours chiennes**, du Mexicain Alejandro González Iñárritu, dépeignent de manière originale la violence et les durs aléas de la vie moderne.

Enfin, pour ceux qui s'intéressent à la vie mouvementée de la peintre mexicaine Frida Kahlo, le film **Frida**, de Julie Taymor, est à voir.

Solutionnaire - Le Mexique, l'Amérique centrale et l'Amérique du Sud

L'Europe

Où suis-je?

Voir la carte ci-dessus

Un peu de géographie

1- A
2- E
3- B

Les événements marquants

1- A
2- A

Qui suis-je?

1- E
2- B
3- A
4- B
5- E
6- C
7- A
8- D

Les attraits importants

1- B
2- D
3- B
4- B

Les us et coutumes

1- E
2- A

Les langues

1- C
2- B
3- D

La gastronomie

1- C
2- E
3- B

➲ En savoir plus

Par les mots

Pour une solide analyse de l'histoire européenne des deux derniers siècles, **Histoire de l'Europe contemporaine: de l'héritage du XIXᵉ siècle à l'Europe d'aujourd'hui**, de Bernstein et Milza, aux éditions Hatier, est recommandé. Pour une lecture plus légère, **15 contes d'Europe**, de Françoise Rachmuhl, aux éditions Flammarion, reflète les traditions de différents pays européens. Le succulent **Les Français aussi ont un accent**, du journaliste Jean-Benoît Nadeau, aux éditions Payot, constituera une lecture utile et amusante pour tous ceux qui souhaitent effectuer un long séjour en France.

Côté théâtre et littérature, l'Europe recèle des écrivains grandioses dont une liste exhaustive est ici impossible à dresser. Nommons toutefois quelques auteurs incontournables dont plusieurs des œuvres vous plongeront au cœur des époques et des mœurs européennes.

Shakespeare, Charles Dickens et Oscar Wilde, chez les Britanniques; Molière, Victor Hugo, Baudelaire, Marcel Proust, Guy de Maupassant et Daniel Pennac, en France; Cervantès et Gabriel García Lorca, chez les Espagnols; Fernando Pessoa et José Saramago, au Portugal; Dante, Goldoni, Italo Calvino et Umberto Eco, en Italie; Thomas Mann, Rainer Maria Rilke, Stefan Zweig et Günter Grass, chez les Germaniques; ainsi que le tchèque Milan Kundera et le Norvégien Henrik Ibsen. Finalement, comment ne pas évoquer le grand poète grec Homère, dont les œuvres sont fondatrices de l'imaginaire européen depuis l'Antiquité.

Par les images

Voici une suggestion sans prétention de quelques films de réalisateurs européens qui, par leur sujet ou leur audace, vous transporteront ailleurs.

Dans les pays nordiques, **Le Festin de Babette**, de Gabriel Axel, et **Festen**, de Thomas Vinterberg, montrent chacun à leur manière un Danemark touchant et cynique. **Fanny et Alexandre**, du grand cinéaste suédois Ingmar Bergman, présente la vie d'une famille de comédiens en Suède au début du XXᵉ siècle. Quant à **L'Homme sans passé**, film finlandais d'Aki Kaurismäki, il traite de façon tendre de l'amour et de la solidarité au sein d'un quartier pauvre d'Helsinki.

Quatre mariages et un enterrement, de Mike Newell, témoigne avec humour de la vie d'un groupe d'amis anglais autour d'événements plus ou moins heureux. **Le Vent se lève**, palme d'or à Cannes en 2006, réalisé par Ken Loach, traite de la guerre d'indépendance irlandaise et de la guerre civile qui la suivit.

En France, parmi la myriade de grands réalisateurs, nommons deux hérauts de la nouvelle vague: François Truffaut (**Les Quatre Cents Coups**, **La Nuit américaine**) et Jean-Luc Godard (**À bout de souffle**, **Le Mépris**). Le film de Francis Weber, **Le Dîner de cons**, est désormais un film-culte de l'humour français. Quant à **L'Auberge espagnole**, de Cédric Klapisch, il donne sans prétention un aperçu de l'Europe communautaire et polyglotte qui se construit.

En Allemagne, le film **Goodbye Lenin**, de Wolfgang Becker, aborde avec humour ce qu'ont vécu des millions de personnes en Europe de l'Est avant la chute du mur de Berlin. Le film **La Chute**, d'Oliver Hirschbiegel, présente les 12 derniers jours d'Hitler dans son bunker à la fin de la Seconde Guerre mondiale.

Pour une incursion dans la colorée Italie, les films **Roma**, de Federico Fellini, **Mort à Venise**, de Luchino Visconti, **Cinéma Paradiso**, de Giuseppe Tornatore, et **La Vie est belle**, de Roberto Benigni, sont une belle introduction.

Finalement, l'œuvre de Pedro Almodovar (**Femmes au bord de la crise de nerfs**, **Tout sur ma mère**, **Volver**) est une invitation à la découverte d'une Espagne qui célèbre ses femmes.

L'Asie

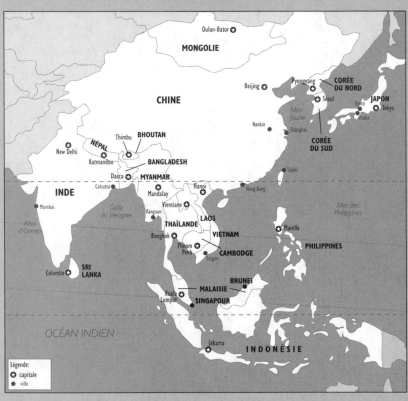

Oulan-Bator

MONGOLIE

CHINE

Beijing
Pyongyang
CORÉE DU NORD
Séoul
JAPON
Kyoto
Tokyo
Osaka

Nankin

Mer Jaune

Shanghai

Thimbu
BHOUTAN

NÉPAL
New Delhi
Katmandou

CORÉE DU SUD

BANGLADESH

Dacca
MYANMAR
Calcutta

Taipei

INDE
Mandalay
Hanoi
Hong Kong

Mumbai
Golfe du Bengale
Rangoun
Vientiane

Mer des Philippines

Mer d'Oman
THAÏLANDE
LAOS

Bangkok
VIETNAM
Manille

Phnom Penh
CAMBODGE
PHILIPPINES

Saigon

SRI LANKA
Colombo

BRUNEI
MALAISIE

Kuala Lumpur
SINGAPOUR

OCÉAN INDIEN

Jakarta
INDONÉSIE

Légende:
⊕ capitale
● ville

Où suis-je?
Voir la carte ci-dessus

Un peu de géographie
1- E
2- C
3- B
4- E

Les événements marquants
1- A
2- D
3- D
4- C
5- C

Qui suis-je?
1- D
2- E
3- A
4- D
5- C
6- E
7- B

Les attraits importants
1- E
2- D
3- A

Les us et coutumes
1- E

Les langues
1- E
2- E
3- B

La gastronomie
1- A
2- B
3- C

⮑ En savoir plus

Par les mots

Les livres de la collection «Comprendre» aux éditions Ulysse, **Comprendre la Chine**, **Comprendre l'Inde** et **Comprendre le Japon**, constituent d'excellents outils pour mieux profiter d'un séjour dans ces pays et éventuellement y faire de meilleures affaires.

Pour une certaine vision de la société thaïlandaise, il faut lire **La Chute de Fak**, de Chart Korbjitti, rare auteur thaï traduit en français.

Les éditions Olizane proposent pour leur part de nombreux documents et récits de voyage anciens qui concernent l'Asie. Par exemple, **Voyage dans les royaumes de Siam, de Cambodge et de Laos**, de l'explorateur Henri Mouhot, qui «découvrit» au milieu du XIXᵉ siècle les ruines d'Angkor.

L'action de nombreux romans publiés au cours des 25 dernières années se déroule en Inde ou au Sri Lanka. Il faut lire le plus long roman écrit en langue anglaise, **A Suitable Boy**, de Vikram Seth, passionnant et très édifiant sur les coutumes indiennes; ce roman a été publié en français sous le titre **Un garçon convenable**. **Funny Boy**, de l'auteur cingalais Shyam Selvadurai maintenant installé à Toronto, raconte l'histoire passionnante d'un jeune garçon pas comme les autres dans un Sri Lanka où éclatent les émeutes raciales au début des années 1980.

Le roman **Stupeur et Tremblements** de la Belge Amélie Nothomb, née au Japon, propose une certaine vision pleine d'humour du milieu du travail au pays du soleil levant.

La Documentation Française et Belin proposent dans la collection «Asie Plurielle» plusieurs essais sur différents pays asiatiques, tels que **Thaïlande, bouddhisme renonçant, capitalisme triomphant**, **Chine, un continent et au-delà** et **Japon, crise d'une autre modernité**.

Enfin, les éditions Piquier ont publié la traduction française de nombreux romans chinois, japonais, indiens ou d'autres pays d'Asie.

Par les images

La grande fresque historique **Adieu ma concubine**, du célèbre Chen Kaige, raconte la Chine des années troubles, de 1920 à 1970.

Plus récemment, un réalisateur incontournable du cinéma asiatique actuel, Wong Kar Wai, de Hong Kong, mérita les honneurs de Cannes avec **In the mood for love**, malgré les lenteurs du film et ses dialogues hermétiques.

Du côté du Japon, on notera le réalisateur Takeshi Kitano, qui, malgré une violence très présente, propose des films très japonais, comme **Sonatine**, une histoire de yakuza (membre de la pègre japonaise). Il faut aussi mentionner la très importante production japonaise de dessins animés aux allures de manga, tel le fabuleux **Princesse Mononoke** de Hayao Miyazaki, dont l'action se situe dans le Japon du XIVᵉ siècle.

Quand à l'Inde, ce pays produit tellement de films qu'on nomme parfois Mumbai (Bombay) Bollywood! Certains connaissent une carrière internationale comme **Kabhi Khushi Kabhie Gham**, en français **La Famille indienne**.

L'Afrique

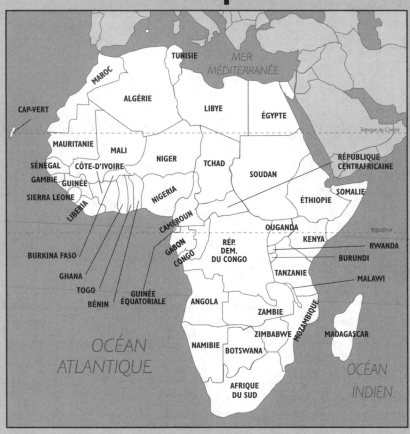

TUNISIE

MER MÉDITERRANÉE

MAROC

ALGÉRIE

LIBYE

ÉGYPTE

CAP-VERT

Tropique du Cancer

MAURITANIE

MALI

NIGER

TCHAD

SOUDAN

RÉPUBLIQUE CENTRAFRICAINE

SÉNÉGAL

CÔTE-D'IVOIRE

SOMALIE

GAMBIE

GUINÉE

ÉTHIOPIE

SIERRA LEONE

NIGERIA

LIBERIA

CAMEROUN

OUGANDA

équateur

BURKINA FASO

GABON

CONGO

RÉP. DEM. DU CONGO

KENYA

RWANDA

BURUNDI

GHANA

TANZANIE

MALAWI

TOGO

GUINÉE ÉQUATORIALE

BÉNIN

ANGOLA

ZAMBIE

MOZAMBIQUE

MADAGASCAR

OCÉAN ATLANTIQUE

NAMIBIE

ZIMBABWE

BOTSWANA

OCÉAN INDIEN

AFRIQUE DU SUD

Où suis-je?

Voir la carte ci-dessus

Un peu de géographie

1. A
2. C
3. D
4. B

Les événements marquants

1. D
2. B
3. C

Qui suis-je?

1. B
2. A
3. C
4. B
5. D
6. A
7. B

Les attraits importants

1. C
2. C
3. D
4. B

Les us et coutumes

1. B
2. A
3. B

Les langues

1. B
2. C
3. D

La gastronomie

1. B
2. C
3. B

➲ En savoir plus

Par les mots

La littérature africaine est très riche, mais encore trop méconnue. L'ex-président sénégalais et chantre de la négritude, Léopold Senghor (**Chants d'ombre**, **Éthiopiques** et **Négritude et Humanisme**) est l'un des auteurs africains incontournables. L'Ivoirien Ahmadou Kourouma, décédé en 2003, est aussi considéré comme l'un des plus grands écrivains africains francophones (**Les Soleils des indépendances**, **En attendant le vote des bêtes sauvages**). Son œuvre porte un regard critique à la fois sur les sociétés africaines et sur l'histoire coloniale.

Livre fondateur, **L'aventure ambiguë**, de l'auteur sénégalais Cheikh Hamidou Kane, traite des contradictions et du drame profond engendrés par la rencontre de la société traditionnelle africaine avec l'Occident. La portée universelle de ce roman en fait l'une des œuvres africaines les plus connues, tout comme **L'enfant noir**, du Guinéen Camara Laye, et **Le vieux nègre et la médaille**, du Camerounais Ferdinand Oyono. Plus près de nous, Alain Mabanckou (**Verre Cassé**, **African Psycho**), écrivain congolais, multiplie les prix littéraires pour son œuvre de facture moderne, dans laquelle il utilise la fiction pour parler de l'Afrique autrement.

Les femmes africaines sont de plus en présentes dans le domaine de la littérature. On n'a qu'à penser à la Burkinabée Monique Ilboudo (**Le mal de peau**), aux Sénégalaises Mariama Bâ (**Une si longue lettre**) et Aminata Sow Fall (**Le jujubier du patriarche**) ou à l'œuvre prolifique de la Camerounaise Calixthe Beyala (**C'est le soleil qui m'a brûlé**, **Comment cuisiner son mari à l'africaine**) pour s'en convaincre.

Du côté de l'Afrique du Nord, le Marocain Tahar Ben Jalloun (**La nuit sacrée**, **Amours sorcières**), le Tunisien Albert Memmi (**Portrait du colonisé**) et les Algériens Yasmina Khadra (**Morituri**, **L'Écrivain**) et Assia Djebar (**La Soif**), entre autres, méritent d'être cités.

Par les images

Le FESPACO d'Ouagadougou, le Festival Panafricain de Cannes et le festival Vues d'Afrique de Montréal célèbrent chaque année le cinéma du continent. Doyen des cinéastes africains, le Sénégalais Ousmane Sembène (**Borom Saret**, **Guelwaar**) a vu plusieurs de ses films y défiler, et sa dernière production, **Moolaadé**, a remporté plusieurs prix internationaux, dont celui d'Un Certain Regard, à Cannes.

Les Burkinabés Idrissa Ouedraogo (**Tilaï**, **La colère des dieux**) et Boubacar Diallo (**Sofia**, **Dossier brûlant**), le Marocain Nabil Ayouch (**Ali Zaoua, prince de la rue**) et le Sud-Africain Ramadan Suleman (**Zoulou Love Letter**) dressent par leurs films très diversifiés un portrait en mosaïque du continent africain.

Le cinéma d'animation connaît une grande percée ces dernières années avec des productions comme **La ruse du lièvre**, de la Burkinabée Cilia Sawadogo, ou **Le Prince Loseno**, du Congolais Jean-Michel Kibushi. Enfin, il est difficile de résister à la superbe production **Kirikou et la sorcière**, du cinéaste français Michel Ocelot.

Solutionnaire - L'Afrique

!

L'Océanie

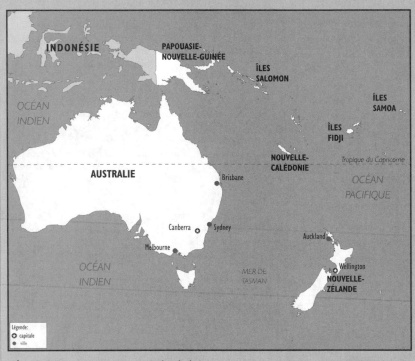

Où suis-je?

Voir la carte ci-dessus

Un peu de géographie

1. A
2. B
3. C
4. D

Les événements marquants

1. C
2. B
3. C

Qui suis-je?

1. B
2. D
3. A
4. C
5. C
6. B
7. C

Les attraits importants

1. A
2. D
3. B
4. C

Les us et coutumes

1. B
2. A
3. B

Les langues

1. A
2. D
3. B

La gastronomie

1. B
2. B
3. B
4. A

⟳ Solutionnaire des questions bonis

1. C
2. A
3. D
4. B
5. C

➲ En savoir plus

Par les mots

Ce n'est qu'à partir des années 1970 qu'une réelle identité océanienne a pu émerger en littérature. La sous-représentation des auteurs d'origine maorie et polynésienne est encore notable dans le domaine, mais il faut se rappeler que la plupart des sociétés des archipels océaniens étaient de tradition orale.

La littérature australienne, qui occupe une place de choix au sein de la littérature anglophone, a beaucoup exploité le thème des colons face aux terres inhospitalières et celui des relations entre Blancs et aborigènes. David Malouf (*Je me souviens de Babylone*), Patrick White (*L'œil du cyclone*, *Une ceinture de feuilles*) et Thomas Keneally (*La liste de Schindler*, *Femme en mer intérieure*) sont les écrivains australiens les plus réputés. Sally Morgan (*My Place*), Judith Wright et Oodgeroo Noonucal (*We are Going*) comptent parmi les auteurs ayant traité de la sensibilité et de la détresse du peuple aborigène.

Du côté de la Nouvelle-Zélande, Keri Hulme (*The Bone People*), d'origine maorie, et Alan Duff (*L'âme des guerriers*) sont certainement les auteurs les plus connus. On a d'ailleurs tiré un excellent film du roman de Duff, qui dépeint une famille maorie urbaine moderne aux prises avec la violence du père. Katherine Mansfield, avec son recueil de nouvelles *Sérénité*, porte un regard original sur la terre de son enfance, alors que le poète Allen Curnow (*Landfall in Unknown Seas*) traite de la fascination d'un visiteur face à une terre étrangère et ensorcelante.

Pour introduire la littérature polynésienne, rien de mieux que les mots de l'écrivain et poète Henri Hiro (*Pehepehe i tau nunaa / Message poétique*): «La langue tahitienne est poésie elle-même.» Les ouvrages *Tergiversations et Rêveries de l'Écriture Orale: Te Pahu a Hono'ura*, de la Tahitienne Flora Devatine, et *Mutismes*, de Tituaua Peu, née en Nouvelle-Calédonie, mais vivant à Tahiti, en donnent un bon aperçu.

Enfin, Sia Figiel (*L'île sous la lune*, *La petite fille dans le cercle de la lune*) et Albert Wendt (*Sons for the Return Home*, *Pouliuli*) apportent quant à eux la version samoane de la nouvelle littérature océanienne, tandis que Déwé Gorodé (*Le vol de la parole*, *Sous les cendres des conques*) s'applique à faire connaître la culture kanak de la Nouvelle-Calédonie à travers sa poésie et ses nouvelles.

Par les images

L'Océanie parvient de plus en plus à exporter son cinéma par-delà ses frontières, et le cinéma australien est certainement celui qui connaît le plus grand succès. On n'a qu'à penser aux films de Peter Weir (*Le cercle des poètes disparus*, *The Truman Show*), de Baz Luhrmann (*Moulin Rouge*), à *Priscilla, folle du désert*, de Stephen Elliott, ou à *Crocodile Dundee*, de Peter Faiman, pour s'en rendre compte.

Le cinéma néo-zélandais n'est pourtant pas en reste avec des réalisateurs de calibre international comme Jane Campion (*Leçon de piano*, *Portrait de femme*) et Peter Jackson (*Le Seigneur des Anneaux*). Niki Caro, également, a réalisé deux films dignes de mention, soit *Païï* (*La légende des baleines*), un conte initiatique maori, et *Memory and Desire*, qui comportent de superbes images de la Nouvelle-Zélande.

Enfin, pour mieux comprendre la réalité des Autochtones du continent austral, jetez un coup d'œil à des films comme *Yolngu Boy*, de Stephen Johnson, relatant l'histoire de trois jeunes aborigènes en pleine crise d'identité, l'*Âme des Guerriers*, de Lee Tamahori, adapté du roman d'Alan Duff, *Once Were Warriors* et *Le chemin de la liberté*, de Philip Noyce, ou *Le Bal du Gouverneur*, de Marie-France Pisier, qui dépeint avec justesse la Nouvelle-Calédonie des années 1950.

Vos résultats par région

Pour chacune des régions couvertes, une quantité maximale de 35 points peut être accumulée. Voici une analyse de vos résultats en fonction du nombre de points que vous avez obtenu pour chaque région:

30 points et plus: Si vous avez obtenu 30 points et plus pour une région donnée, celle-ci n'a, comme on dit, aucun secret pour vous. Félicitations! Vous êtes un fin connaisseur, un expert, une référence! Vous avez sans doute fait plusieurs voyages dans cette partie du monde et probablement visité plusieurs pays. Vous en savez long sur les attraits de ces contrées, mais votre soif de connaissance vous a mené à aller encore plus loin et à vous intéresser aux particularités culturelles, aux us et coutumes des destinations que vous avez découvertes au fil de vos voyages. Y retourner est pour vous un plaisir chaque fois renouvelé, et sans doute en profitez-vous chaque fois pour renouer avec des amis rencontrés là-bas.

De 25 à 29 points: Vos connaissances de la région se situent au-dessus de la moyenne. Sans être un expert, vous pouvez vous vanter de bien connaître ce coin du monde. Vous avez probablement déjà visité quelques pays et vous avez l'intention de récidiver, ou encore vous vous êtes beaucoup documenté sur la région, pour le simple plaisir de la chose ou en vue d'éventuels voyages.

De 15 à 24 points: L'intérêt que vous portez à la région est bien réel, mais peut-être n'avez-vous pas encore eu la chance d'y séjourner très souvent. Le meilleur pour vous reste donc à venir et à découvrir: l'art de vivre dans ces contrées, les particularités culturelles de chaque pays, les paysages inoubliables…

Moins de 15 points: La région couverte ne s'est pas retrouvée au sommet de votre liste de destinations prioritaires jusqu'à maintenant. Cela se comprend: le monde est grand et l'on ne peut tout voir en même temps. Mais il serait dommage d'oublier à jamais cette région qui a tant à offrir. Comme partout ailleurs, il y règne sans doute une atmosphère bien typique, les gens y sont fascinants, on y découvre des musiques et des mots aux couleurs uniques…

Vos résultats pour le monde

Si vous avez répondu à toutes les questions, vous avez eu la chance d'accumuler jusqu'à 250 points, soit 35 points pour chacune des sept régions couvertes, plus 5 «points bonis» pour les questions sur le monde. Voici, pour le plaisir, une analyse de vos résultats globaux:

210 points et plus: De deux choses l'une: vous êtes un grand voyageur ou vous possédez une très vaste culture générale… à moins que ce ne soit les deux! Une chose est certaine: vos parents et amis peuvent compter sur vous pour les guider dans le choix des sites à voir lors de leurs prochains voyages, peu importe où.

De 175 à 209 points: Votre connaissance du monde se situe au-dessus de la moyenne. Peut-être n'avez-vous pas encore fait le tour du monde, mais, comme on dit, «il y en a un bout de fait», à tout le moins sur le plan des connaissances générales! Nous ne vous souhaitons qu'une chose: que vos explorations se poursuivent pour encore longtemps!

De 105 à 174 points: Vous portez un intérêt certain aux divers pays du monde, mais n'avez probablement pas pu jusqu'ici voyager autant que vous ne l'auriez souhaité. Manque de temps, manque d'argent… nous connaissons tous les raisons. Il ne vous suffira que d'un ou deux voyages pour attraper la piqûre. Ensuite, vous ne pourrez plus vous arrêter, et le monde vous apparaîtra comme un grand livre inépuisable de surprises et de découvertes.

Moins de 105 points: Vous n'avez que peu exploré le monde jusqu'à maintenant. Mais le simple fait que vous teniez le présent livre entre les mains montre qu'un changement de cap s'en vient. Allez-y, partez! Il n'est jamais trop tard pour commencer votre exploration du vaste monde!

➲ Remerciements

Les Guides de voyage Ulysse reconnaissent l'aide financière du gouvernement du Canada par l'entremise du Programme d'aide au développement de l'industrie de l'édition (PADIÉ) pour leurs activités d'édition.

Les Guides de voyage Ulysse tiennent également à remercier le gouvernement du Québec – Programme de crédit d'impôt pour l'édition de livres – Gestion SODEC.

➲ Écrivez-nous

Tous les moyens possibles ont été pris pour que les renseignements contenus dans ce livre soient exacts au moment de mettre sous presse. Toutefois, des erreurs peuvent toujours se glisser, des omissions sont toujours possibles, etc.; la responsabilité de l'éditeur ou des auteurs ne pourrait s'engager en cas de perte ou de dommage qui serait causé par une erreur ou une omission.

Nous apprécions au plus haut point vos commentaires, précisions et suggestions, qui permettent l'amélioration constante de nos publications. Il nous fera plaisir d'offrir un de nos guides aux auteurs des meilleures contributions. Écrivez-nous à l'une des adresses suivantes, et indiquez le titre qu'il vous plairait de recevoir.

Guides de voyage Ulysse
4176, rue Saint-Denis
Montréal (Québec)
Canada H2W 2M5
www.guidesulysse.com
texte@ulysse.ca

Les Guides de voyage Ulysse, SARL
127, rue Amelot
75011 Paris
France
www.guidesulysse.com
voyage@ulysse.ca